美育实践丛书

美育实践活动手册
第二册

深圳市龙华区民治中学教育集团　编

暨南大学出版社
JINAN UNIVERSITY PRESS

中国·广州

图书在版编目（CIP）数据

美育实践活动手册. 第二册 / 深圳市龙华区民治中学教育集团编. -- 广州 ： 暨南大学出版社, 2024. 11.
（美育实践丛书）. -- ISBN 978-7-5668-4063-9

Ⅰ. G624.703

中国国家版本馆 CIP 数据核字第 2024TJ4972 号

美育实践活动手册（第二册）
MEIYU SHIJIAN HUODONG SHOUCE（DI-ER CE）
编　　者：深圳市龙华区民治中学教育集团

出 版 人：阳　翼

策　　划：周玉宏　武艳飞

责任编辑：武艳飞

责任校对：刘舜怡　陈慧妍

责任印制：周一丹　郑玉婷

出版发行：暨南大学出版社（511434）

电　　话：总编室（8620）31105261

　　　　　营销部（8620）37331682　37331689

传　　真：（8620）31105289（办公室）　37331684（营销部）

网　　址：http://www.jnupress.com

排　　版：广州良弓广告有限公司

印　　刷：广州市金骏彩色印务有限公司

开　　本：787 mm × 1092 mm　1/16

印　　张：5.125

字　　数：106 千

版　　次：2024 年 11 月第 1 版

印　　次：2024 年 11 月第 1 次

定　　价：30.00 元

总　序

小小少儿郎，

背起书包上学堂。

花儿笑，

鸟儿唱，

夸我读书忙。

一首简短的儿歌，唤起我们多少美好的回忆，激起我们多少动情的联想。

在绿树成荫、花香四溢的校园里，和老师同学们一起读好书，那是多么幸福的时光。

好书是生活的伴侣，是攀登的阶梯，是前行的灯塔。

读好书，好读书，是人生一种美好的享受。

读书有三条路径，三条路径通向三重境界。

第一条，读纸面的书，读网络的书。

第二条，读社会的大书，读人生的大书。

第三条，用眼、用心、用行动，去审读，去体悟，去品鉴，去实践，去升华，去创造一本精美的人生之书。

这本书，有字无字，有声无声，有形无形，有涯无涯。它奥妙无穷，浩瀚无垠，囊括天地、宇宙、人生、过去、现在、未来，它是一本无与伦比的绝妙好书。

三条路径，三重境界，都指向美好的人生。我们提倡知行，并超越第一、二重境界，实践并飞渡第三重境界。那是一个美心、美德、美行、美我、美人、美众的大美境界。

　　你手中的这套"美育实践丛书"，就是引导我们进入第三重境界的新书、好书、奇妙之书。

　　这套"美育实践丛书"，核心是"美育"，关键是"实践"。"美育"强调"三自"：自主、自觉、自动地拥抱美；"实践"要求"三实"：扎实、踏实、真实地践行美。在实践中自我培育美感，在生活中共同参与审美，在一生中自觉实践、创造美好。通过实践，一起发现美、感知美、鉴赏美、升华美、创造美，一同达到美育活动的全新境界。

　　美在读书中，美在行动中，美在我们心中、手中，在我们日常的一言一行中，在我们人生不懈的追求中。美浸染着我们的生活，滋润着我们的心灵，塑造着我们的人格。实践吧！美，就是你、我、他，就是人生、社会、世界大家庭，就是人类大同，就是人类命运共同体。让我们以美为桥梁、为纽带，连接彼此，以美培元、以美润心、以美育德、以美启智，共同编织一个和谐而充满希望的明天！

2024 年 8 月

CONTENTS
目　录

巧手穿搭

和谐穿搭，展现美好生活

> 鹏鹏，儿童节快到了，妈妈让我自己在网上选购衣服，可我选了很久也没有选好，你能帮帮我吗？

> 别急别急，挑选衣服学问多，我们慢慢来了解。

对于小学生来说，合适的穿搭在确保服装的舒适性和安全性的基础上，还是一个培养审美、表达个性和学习文化的过程。我们可以通过以下几点来了解：

1. 色彩搭配：色彩是视觉艺术中的重要元素。可以学习基本的色彩理论，比如互补色、类似色的搭配。

2. 风格统一：整体穿搭要有一个统一的风格，无论是休闲、运动还是正装，都应该保持一致性，避免风格上的混搭造成视觉上的混乱。

3. 文化与环境适应性：穿搭应该适应不同的文化背景和环境，比如在学校、家庭聚会、节日庆典等不同环境要选择不同的穿搭。

4. 创意与个性：我们在穿搭中可根据自身特点，发挥创意，比如通过配饰、帽子、围巾等小物件来增加穿搭的趣味性和个性化。

2024年央视春晚歌曲类节目中国传统纹样创演秀《年锦》让我们看到了中国传统纹样之美!

节目中,四位演员身穿汉、唐、宋、明制式的华服款款走来,她们仿佛穿越千百年而来的使者,向我们诉说着中国传统纹样的故事。

传统纹样起源于古代先民经年累月的劳动实践,寄寓着人们对美好生活的祈盼。如云气纹、瑞狮纹、鱼纹、牡丹纹、蝴蝶纹等,它们静默无言却能表词达意。

这套宋代服饰选用了牡丹月桂纹,在花叶中还有各式花卉,色调清新淡雅。(造型设计:张婷,现藏于福建博物院)

你发现了传统服装的哪些美?请小朋友们填一填吧!

色彩美   样式美   图案美   (   )

感知美

看布料　　　看（　）

舒适美

看场合　　　看（　）

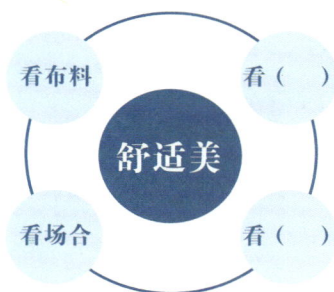

在不同场合穿不同的衣服，对我们的心理适应有很大帮助哦！看看我是如何选择的。

周一，学校要举行升旗仪式，美美选择穿校服礼服。

周三，学校自由服装日，美美选择穿干净整洁的小裙子。

今天，学校有体育课，美美选择穿校服运动服。

中秋节，学校举行迎中秋活动，美美选择穿中国传统服饰。

周末，美美和爸爸妈妈去音乐厅欣赏歌舞剧，美美选择穿礼服裙。

美美的选择真棒！在不同场合穿不同的衣服是有讲究的。比如，在校园里穿校服，不仅有利于学校开展教学活动，而且能够培养学生的团队精神、平等意识，并养成勤俭节约的良好习惯。

小朋友们，不同的场合，我们需要穿不同的服饰，这是着装礼仪，更是对他人的尊重！

请你连一连

打篮球时

爬山时

睡觉时

游泳时

得体的穿着体现了人们生活方式和生活环境的和谐之美。

穿衣打扮

生活方式 ——（　　）美—— 生活环境

生活中的美无处不在，雄伟的建筑、美丽的风景、得体的着装、优雅的举止，共同编织出一幅和谐的画卷。

和谐则美

恭喜你！你的选衣实力已通过认证。你可以帮妈妈设计一套参加宴会时穿的衣服吗？

请你画一画

小讲坛

《弟子规》中"冠必正，纽必结，袜与履，俱紧切。"这句话告诉我们要重视仪容仪表。整洁、得体的衣着在人际交往中会给别人留下一个好的印象，同时也是一个人良好修养的体现。

创造美

小朋友们，我们每天穿的衣服是如何制作出来的呢？

创意美

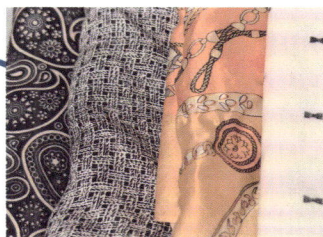

②挑选布料

①绘制设计稿（请你来设计一条裙子！）

③色彩搭配

⑤装饰完成

④工艺剪裁

制衣流程：绘制设计稿—挑选布料—色彩搭配—工艺剪裁—装饰完成。

服装制作是一门大学问，创意和灵感是设计服装必不可少的要素，样式、布料、色彩、装饰等的巧妙搭配能让衣服更具美感。

数字化美育实践基地

小朋友们，请找一些家里的闲置衣物，和爸爸妈妈一起进行二次创作，让旧衣焕发新生，并将你们的制作过程分享到数字化美育实践基地吧！

哇，真有趣，我要和妈妈试一试！

【旧衣新生】

制作方式：1.重新搭配：将旧衣服重新搭配。

2.旧衣改造：将旧衣服改造成新衣服或者其他物品。

发布方式	照片、小视频
发布感受	在线试衣体验、穿衣搭配我能行……

指尖"美味"

用衍纸，做"美食"，其乐无穷

过年啦，大年三十年夜饭，好期待呀！

一家人，乐融融，幸福又美好！

小朋友们，你们知道衍纸艺术吗？我们可以用衍纸制作出指尖上的"美味"哦！

经过简单的操作，我们就可以用彩纸制作永不变质的"美味佳肴"了。大家一起来体验一下吧！

说一说

一道美食是"色、香、味、形"的完美结合，色与味往往相辅相成。请说一说，你最喜欢的一道美食是什么颜色的呢？

我说你猜

一位同学说颜色，请其他同学猜猜你说的是什么食材。

我喜欢的食材颜色有红色、黄色

番茄炒鸡蛋

你们能记下这些颜色美丽的食物吗？

黄色的食物	绿色的食物
红色的食物	其他颜色的食物

小朋友们，这些图案都是由一个个纸条做成的。让我们一起来认识衍纸艺术吧！

你发现了哪些基本造型？

你能在这些彩色纸条中找到菜肴的颜色吗？

小讲坛

衍纸，也称卷纸，是纸艺的一种形式，它发源于英国。你们瞧，衍纸包罗万象，具有无限的表达能力。通过对纸张进行裁切、卷曲、按压、粘贴、组合等方式来创作造型复杂、图案精美的手工艺品。因此，热爱生活的人们，通过自己的想象，可以将喜爱的事物化成纸的精灵。

哇，它们好美呀，美在……

造型美	色彩美	_____美
可以平面，可以立体	颜色丰富	

可以化身成衍纸艺术的不仅有花草树木、虫鱼鸟兽，还有我们生活中的美食，你们瞧！

你更喜欢哪个？为什么？

家人闲坐，灯火可亲，辞旧迎新，旧疾当愈。

年味儿，家乡味儿，中国味儿，其乐融融。

一年一度的年夜饭，是我们最看重的团圆餐。

　　年夜饭，是每个人心中最美好的期待。年夜饭，是一年的结束，也是一年的开始，永远牵动着远方的游子。我们最怀念、最挂念的，是无可替代的家的味道。

做衍纸蔬菜

无论是真实的美食，还是衍纸作品，都是人们用心的创造，需要用耐心和时间去打磨。现在，让我们动手创作蔬菜衍纸作品吧！

【制作步骤】

1.请选择一个你喜欢的颜色的纸条。

2.找到与它对应的食物。

3.练习衍纸的基本图案做法。

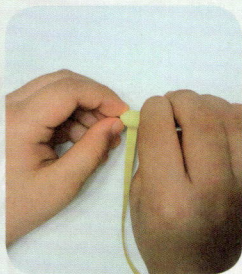  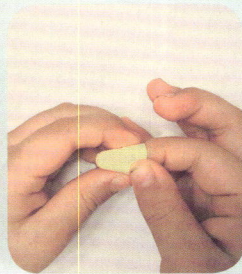 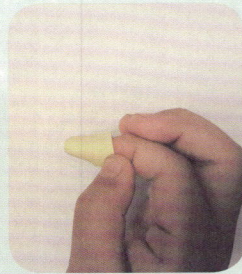

一卷　　　　　二粘　　　　　三推　　　　　四定型

【胡萝卜衍纸制作步骤】

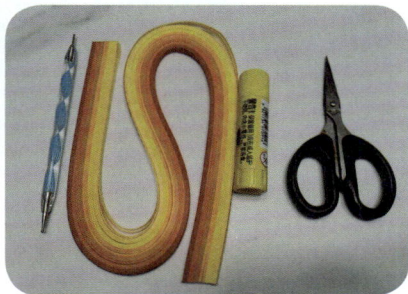

衍纸工具：衍纸笔、衍纸、胶水、剪刀

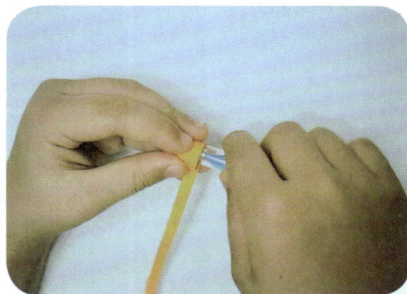

步骤一：卷橙色纸条

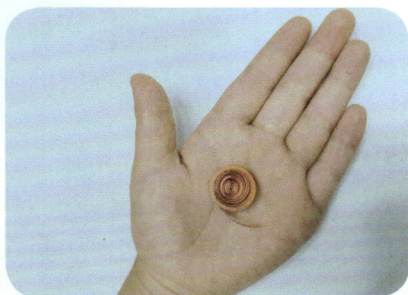

步骤二：制作松卷

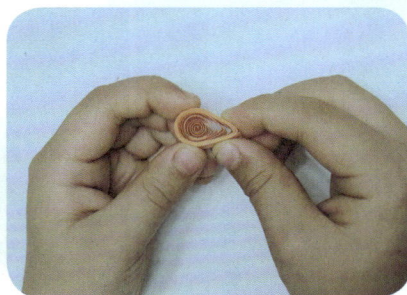

步骤三：将松卷捏成水滴卷

步骤四：用同样的方法制作
胡萝卜的叶子

步骤五：粘贴各部件

数字化美育实践基地

我国传统的十二道年夜菜，是指十二道寓意吉祥的菜，集中体现为三个文化元素：团圆，家人团聚；喜庆，庆祝收获；祝愿，展望来年。小朋友们，请大家尝试用衍纸做一做"年夜菜"，然后上传到数字化美育实践基地吧！

鸡
寓意：大吉大利

鱼
寓意：年年有余

红烧肉
寓意：生活富足

春卷
寓意：黄金万两

四喜丸子
寓意：四季平安

豆腐
寓意：多福多寿

饺子
寓意：元宝进来

年糕
寓意：年年高升

水果
寓意：甜甜蜜蜜

_____
寓意：

_____
寓意：

_____
寓意：

鸟语鸟性

察色、观形、习性、晓情，感受生命之美

鹏鹏，春天到了！好多鸟儿都跟你一样出来活动啦！

是呀，真是"处处闻啼鸟"呢！你看！鸟类的羽毛有多种不同的颜色，我们一起来看看吧！

鹏鹏，你们的羽毛颜色真的是五彩斑斓，美丽极了！

红山椒鸟
（黄色）

普通翠鸟
（蓝绿色）

......

谢谢美美夸奖！小朋友们，请你们用手机或者相机拍一拍小区或者公园里不同颜色的鸟，将照片贴在上面方框内并标注名称、颜色吧！

鹏鹏，燕子春天北飞，大雁秋天南飞，所有的鸟儿都要到了季节就搬家吗？

不是，有些鸟儿会这样。我们一般把这样的搬家行为叫作"迁徙"。

小朋友们，我们一起来了解鸟儿们"迁徙"的原因吧！还有很多有关鸟类迁徙的纪录片，可以和爸爸妈妈一起去查阅了解。

小讲坛

鸟类的迁徙是一种本能，是鸟类对环境因素周期性变化的一种适应性行为。由于气候的变化，在北方寒冷的冬季和热带的旱季，经常会出现食物短缺，因而迫使鸟类种群中的一部分个体迁徙到其他食物丰盛的地区。

小调查

我观看了纪录片＿＿＿＿＿＿＿＿＿＿＿＿＿，知道了＿＿＿＿＿

＿＿＿＿＿＿＿＿＿＿＿＿＿＿＿＿＿＿＿＿＿＿＿。

鹏鹏，你知道吗？深圳福田红树林也有很多鸟呢！

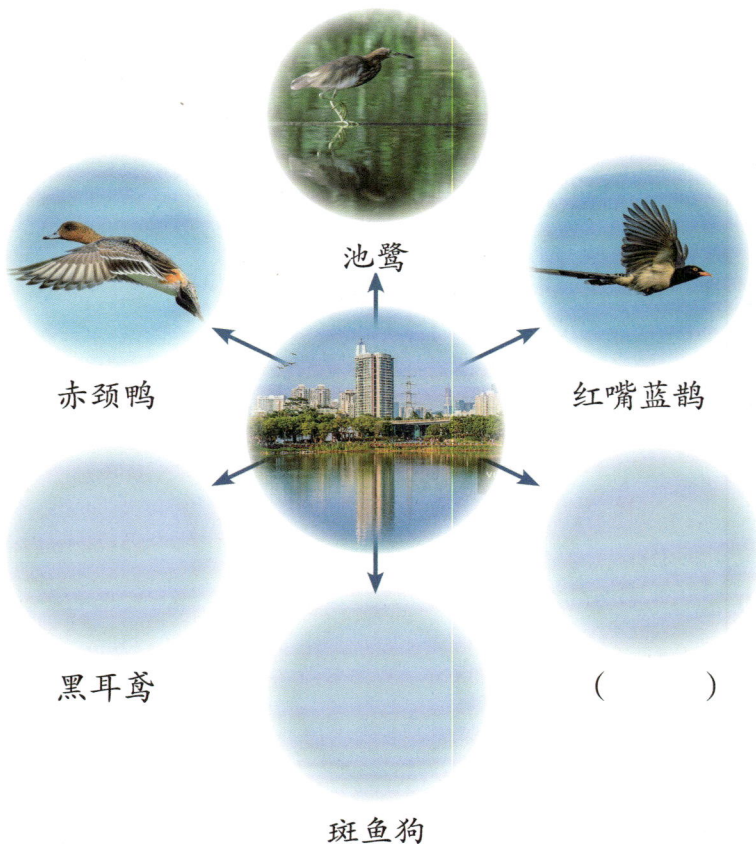

池鹭

赤颈鸭

红嘴蓝鹊

黑耳鸢

（　　　）

斑鱼狗

深圳福田红树林给这些鸟儿们提供了栖息之处。请小朋友们和爸爸妈妈一起去了解自己感兴趣的鸟，并拍照粘贴到上面圆框中吧！

人类与动物和谐共处，共同营造了一个美好的生态环境！

小朋友们，我们可以去动物园或者红树林观察身边的鸟哟！看看他们是怎样互帮互助的吧！

请大家将观察到的情况分日期记录下来！可以动手写一写、画一画！

_____ 与 _____ 互帮互助观察日记

乌鸦小时候，乌鸦妈妈会悉心照顾小乌鸦，给它觅食。

乌鸦长大后，也会反过来悉心照顾年老的乌鸦妈妈。

......

_____的亲情日记

鹏鹏，我经常看到鸟妈妈给还不会飞的小鸟喂食，好有爱呀！

美美观察得真仔细，其实小鸟长大后也会去照顾家人哟！

鹏鹏，这种跟人类一样相亲相爱的亲情，真让人感动！

小朋友们，鹏鹏可不是一般的鸟呢！我的名字就源于深圳的另一个名字——"鹏城"！

我们游览大鹏所城后可以分享我们的发现哟！

"鹏城"由来分享
1.
2.
3.

跟小组成员说说你的发现，请他们给你涂小星星，并写下推荐理由吧！

同学1：★★★★☆   推荐理由：

同学2：★★★★☆   推荐理由：

同学3：★★★★☆   推荐理由：

一起做

"青春几何时，黄鸟鸣不歇。"在春暖花开的时节，我们和家人、朋友一起去户外聆听山间鸟鸣，观察滨边翩影，在察色、观形、习性、晓情中，感受生命之美吧！

鹏鹏，鸟儿们在一起时，形态万千，就像配合默契的舞蹈家，动作优雅又迷人！

是的呢！请小朋友叫上你的小伙伴，一起来模仿鸟儿的动作，创编群舞吧！请将你们创编的舞蹈动作拍下来粘贴在下面！

数字化美育实践基地

让我们通过各种形式去发现鸟儿们的身影，并和数字化美育实践基地的小伙伴们一起交流心得吧！

观鸟

画鸟

拍鸟

公园城市

游览、休憩、锻炼、交往，山水人城和谐相融

鹏鹏，深圳是一座建在公园里的城市，其中的莲花山公园极具代表性，我们周末去走走吧！

莲花山位于深圳市区中轴线，以其独特的地理位置，丰富的人文景观和优美的自然风光而闻名。2000年11月，邓小平铜像在莲花山落成。他看向远方，步伐坚定，衣襟飞扬，深情注视着深圳，似乎在说："改革的步子可以迈得更大一些！"

这座铜像，不仅是展现深圳风采的窗口，也是深圳重要的文化和生态地标。

深圳拥有一千多个公园，是名副其实的"千园之城"！无论你住在哪里，不远处必然会有一个公园。公园为人们提供了高品质的绿色生活空间，成为城市可持续发展的重要支撑。

发现美

莲花山广场，是瞻仰伟人风采、饱览深圳中心市区风景的必到之处！

人文美

> 深圳的发展和经验证明，我们建立经济特区的政策是正确的。
> ——邓小平（1984年1月）

纪念园主题墙上镌刻的是邓小平爷爷给深圳的题词。山脚下有深圳经济特区建立三十周年纪念园，那里的主题雕塑墙，记录了深圳的发展历程，是宝贵的红色资源！

◆深圳市爱国主义教育基地
◆广东省红色旅游示范基地
◆广东省爱国主义教育基地
◆国家红色旅游景区
◆国家重点公园

深圳红色印记
读懂春天的故事
听见改革的足音

天然美

状如莲花，有山有水，有树有湖，很适合人们休憩、散步、爬山，是一家人游玩的好去处。

风筝广场

平坦开阔
绿草如茵
风筝的乐园

莲花湖

湖水清澈
游船如织
鱼儿的乐园

自然美

莲花山公园还有很多美，你发现了吗？赶快记下来吧！

建筑美

___美

___美

一年一度的花展，是最佳的打卡时间！

莲花山公园种植了很多簕杜鹃，那是深圳的市花！

造型美
大象在散步
_____在奔跑

_____美

色彩美
鲜红、玫红、雪白
_____

别的公园也很美，
我也要去发现！

主题公园

"锦绣中华"微缩景区

（1）设计美：世界上面积最大、内容最丰富的实景微缩景区。

（2）人文美：最早的文化主题公园，一砖一瓦均按照景物比例缩小仿制，荟萃了中国千年历史文化。

深圳湾公园

_____

_____

社区公园

我家附近有社区公园，它们也很美！

_____公园，_____美；

_____公园，_____美。

深圳公园太多了，
我们可以分分类。

自然公园	城市公园	社区公园
园博园	莲花山公园	德逸公园
洪湖公园	人才公园	本草公园
梧桐山森林公园	深圳湾公园	悠然公园
……	……	……

截至2023年底，深圳公园总数已达到1290个，形成了自然公园、城市公园、社区公园等丰富多样、功能互补的多级公园体系。不仅提升了市民的生活质量，也为城市的生态环境和绿化做出了重要贡献。

2020 THE LIANHUASHAN
莲花山草地音乐节
GLADES MUSIC FESTIVAL

草地音乐节

自 2014 年以来，一年一度的草地音乐节，让高雅音乐飞入寻常百姓家。

讲中国故事，看深圳特色，听改革声音！

莲花山放歌

只要你愿意

随时可以加入大合唱

阅读、发呆、野餐……

椰风林草坪

放松身心，推荐去仙湖植物园……

仙湖植物园

山环水抱，灵气十足。集物种保育、科学研究、科普教育、旅游休闲为一体。

保育物种

◆ 保育物种超12000种
◆ 植物专类园、保育基地25个
◆ 保育苏铁类植物世界最多

◆ 深圳市南亚热带植物多样性重点实验室
◆ 深圳城市生态站
◆ 深圳市园林研究中心

科学研究

休闲娱乐

◆ 亭、台、楼、阁

不愧是"都市里的翡翠"啊！你可以去探索更多的景点，欣赏更多的美！

走进自然，融入自然、享受自然！公园有这么多活动，我要参加……

公园设施齐全，一起来锻炼！

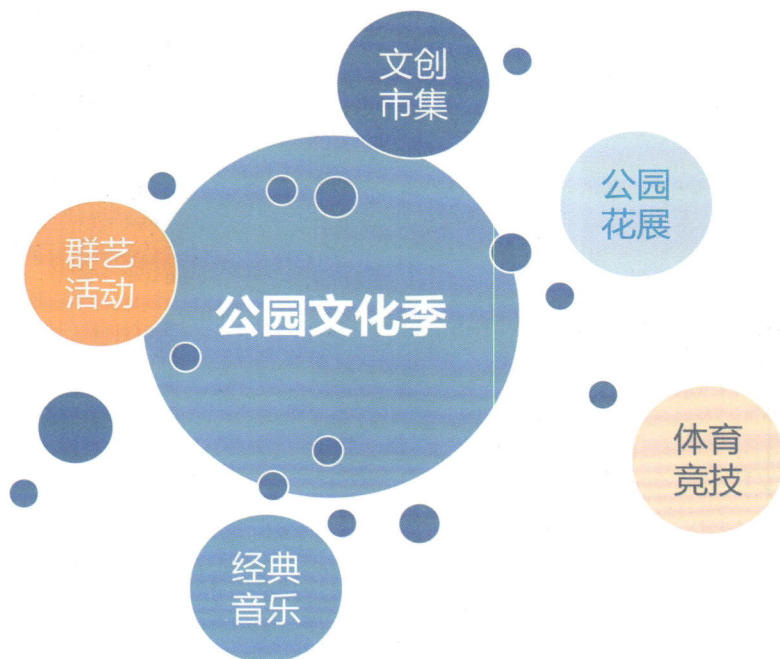

文创市集

公园花展

群艺活动

公园文化季

体育竞技

经典音乐

创造美

公园城市，让生活更美好！

山水人城和谐相融

在深圳不到 2000 平方千米的土地上，分布着大大小小 1290 多个公园，它们就像一张绿色的网，串联起丰富多样的自然生态资源，使市民既能推窗见绿、开门见园，又能徒步山林、漫步郊野，感受鸟语花香，感受人与自然的和谐共处。

满城皆绿、无处不花！鲜花的精神、品格，是我们关注的重点！

菊花	荷花	月季	
凌霜傲放花中君子			
观赏地：东湖公园	观赏地：洪湖公园	观赏地：人民公园	观赏地：_____公园

数字化美育实践基地

> 浮雕墙的创意真好，应该继续做下去！让我们来试着创作吧！

1.《春天的故事》

2.《走进新时代》

3.《走向复兴》

4.……

莲花山公园东南角的深圳经济特区建立三十周年纪念园，建于2010年。主题雕塑墙由三段弧形浮雕墙组成，分别以三首歌曲命名，讲述了深圳改革开放三十年的重要人物、重大事件、城市建筑等，体现了深圳精神。

> 这个主意好！我们要做好分工，广泛收集深圳近十年的改革人物和精彩故事，选好歌曲，做好设计，并把方案上传到数字化美育实践基地吧！

◆ 搜集改革人物：＿＿＿＿＿＿＿

◆ 寻找改革故事：＿＿＿＿＿＿＿

◆ 查找合适歌曲：＿＿＿＿＿＿＿

动物衣服

感受动物衣服的色彩、形状和功能之美

谜语：

长在鸟身上，
温暖又漂亮，
展翅松软软，
好比花衣裳。

美美，考考你，这个谜语的答案是什么？

这太简单了，答案就是你身上的羽毛呀！

你太聪明了！我有很多朋友，它们都跟我一样穿着漂亮的衣服，今天它们要举行一场选美比赛，我们一起去看看吧！

发现美

不同动物的衣服
有什么不一样呢？

蛇的衣服是皮

乌龟的衣服是甲壳

猫的衣服是（　　　）

鹦鹉的衣服是（　　　）

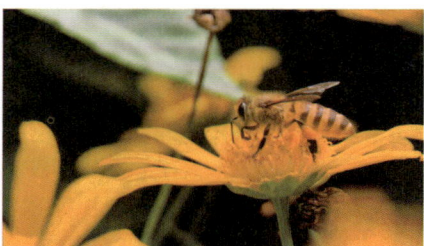

蜜蜂的衣服是（　　　）

（　　　）的衣服是（　　　）

你还知道其他类型的衣服
吗？在方框里画一画吧！

选美比赛开始前，我们先一起动手画画动物衣服上的漂亮花纹，并涂上颜色吧！

小朋友们，除了这些动物之外，你还想提名什么动物参加选美比赛？快在上面的空白画板上画一画吧！

小朋友们，选美比赛开始啦！快来为你喜欢的选手投票吧！票数最高的动物将获得"最美华服奖"哦！

选手	投票（打"√"）	理由

小讲坛

世界上没有条纹完全一样的斑马，每只斑马身上的条纹都是独一无二的，有粗有细，有疏有密，有宽有窄，各不相同。这些条纹就像斑马的身份证一样，是它们识别同伴和亲人的重要依据。

鉴赏美

动物的衣服不仅漂亮，还非常有用呢！

我的斑马装不仅特别，还可以在草原上隐藏自己，躲避敌人。

其他动物的漂亮衣服又有什么用呢？

我的衣服可以_____

我的衣服可以_____

我的衣服可以_____

41

　　变色龙是一种可以随着环境变色的动物，受变色龙的启发，科学家们研究出了一种可以随着光线强度和温度而改变颜色的涂料，并把这些涂料涂在镜片上，制成了变色镜。

　　科学家们还发现变色龙变色时身上不会只有一种颜色，而是多种颜色相间，许多色块共同构成迷彩的效果，科学家们根据这种色块相间后不易被发现的原理改进了迷彩服。

　　其他动物的衣服还给人类科技和生活带来了哪些启示？快把你的猜想写在下面的方框里吧！

　　原来我们从动物的衣服上学到了这么多啊！真是太神奇了！

动物的衣服不仅美观，而且为我们人类的发展提供了很多的帮助。可是有的动物，比如东北虎、金钱豹、海貂、穿山甲等却因为它们的衣服美丽又珍贵而被人类大量捕杀，导致这些动物濒临灭绝。

小朋友们，为了保护动物美丽的衣服，我们可以做些什么？请在小组内讨论一下吧！

我们要制定法律禁止这种行为……

我们要……

我们还要……

把讨论结果写在这里吧！

1.

2.

3.

小朋友们，我们应该欣赏和保护动物，并且从动物身上获得科技进步的启示，可千万不要因为贪婪而伤害它们哦！

创造美

小朋友们，耳闻不如眼见，我们到动物园走一走，观察一下不同动物的美丽衣服，并记录下来吧！

小小记录员

动物	衣服的颜色	衣服的花纹	衣服摸起来的感觉	衣服的用处
鹦鹉	黄色、绿色、红色	形状各异	软软的，很舒服	保暖、飞行

现在动手用身边的材料（纸张、树叶、毛线等）为你喜欢的动物设计一件衣服吧！

服装设计师

小朋友们动手之前可以像我一样先看看其他人的作品，激发一下灵感哦！

（用纸和彩泥做的白天鹅）

为你的作品拍一张美美的照片，然后贴在这里吧！

跟小组成员分享你的作品，请他们给你涂小星星，并写下推荐理由吧！

同学1：☆☆☆☆

推荐理由：

同学2：☆☆☆☆☆

推荐理由：

同学3：☆☆☆☆☆

推荐理由：

小朋友们，你们得到了多少颗小星星？快来数一数，看看谁的小星星更多。

数字化美育实践基地

我要趁热打铁，用平板电脑画一画我喜欢的动物！

准备工具：

平板电脑、笔、画图软件等

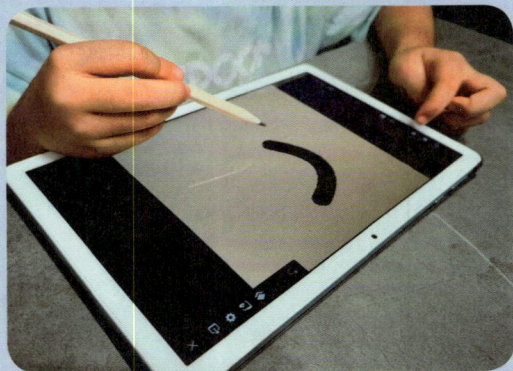

操作方法：

1. 创意构思；

2. 构图（主体突出）；

3. 涂色（色彩丰富、用色和谐）。

小朋友们，快来跟美美一起用平板电脑画一画你喜欢的动物，并为它画上漂亮的衣服吧！

旋转之美

观察旋转产生的视觉效果，感受光的变化之美

鹏鹏，你见过打铁花表演吗？打花艺人在千余度的铁花中赤膊上阵而能进退自如，真是太壮观了！

"确山铁花动驿城，千年绝技露芳容。火树银花惊天地，疑是银河炸苍穹。""确山打铁花"作为河南省国家级非物质文化遗产传承保护项目，素有"民间焰火之最""中华第一铁花"的美誉。

打铁花始于北宋，盛于明清，至今已有千余年的历史。这项技艺不仅是一场壮观的视觉盛宴，更是一种力与美的结合，展现了中国古代工匠的创造力和勇气。打铁花的表演通常在夜晚进行，铁水被加热至1600℃以上，艺人们用特制的工具将铁水击向空中，形成漫天的金色火花，如同烟花般璀璨夺目。

让我们一起走进奇妙的旋转世界，探究其中的奥妙吧！

旋转是生活中常见的一种现象。比如，陀螺、风车、竹蜻蜓、游乐场的摩天轮、飞机上的螺旋桨，它们都可以旋转。

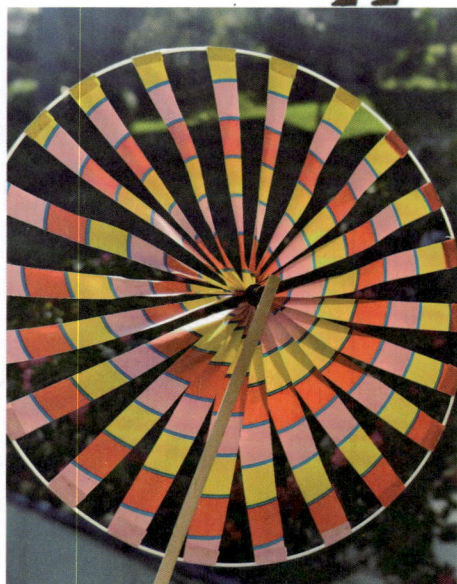

旋转起来的物体与静止时看起来有什么不一样呢？

不同物体旋转起来的视觉效果，都有着异曲同工之妙。虽然我们看不清具体的颜色，但能看到美丽的光环、流动的线条。鹏鹏查阅资料后，知道了这是一种视觉暂留现象。当我们看到一个画面后，这个画面并不会马上消失，而是会与下一个画面连接起来。因此旋转起来的物体才有着连续美丽的线条和图案，体现出一种动态美！

感知美

百变陀螺

美美做了一些陀螺，并用画笔给它们涂上了不同颜色。有的陀螺只涂一种颜色，有的涂了好几种，有的还画了好看的花纹。让我们看看，陀螺旋转后颜色和图形发生了什么变化吧！

小朋友们，仔细观察这些陀螺，你能写出它的美吗？

动态美

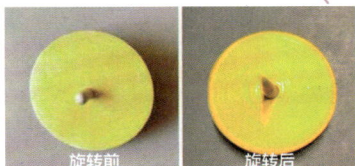

颜色美

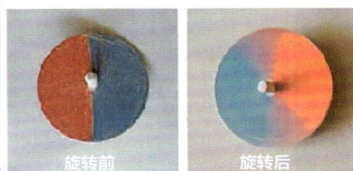

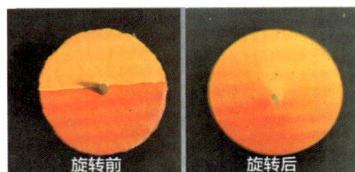

变化美

____美

____美

哇，原来一个旋转的陀螺就能有这么多美呀！

49

鹏鹏，我发现如果陀螺上有两种以上色彩，旋转起来后，就会发生奇妙的变化！

规律美

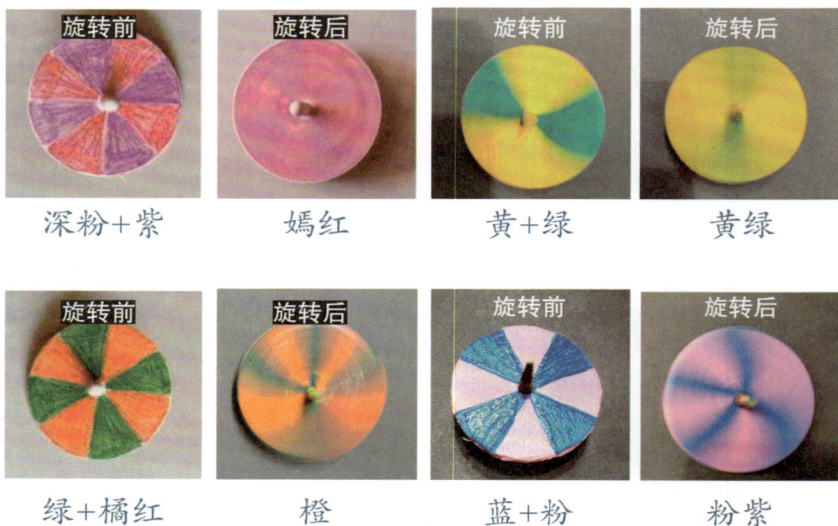

旋转前	旋转后	旋转前	旋转后
深粉+紫	嫣红	黄+绿	黄绿
绿+橘红	橙	蓝+粉	粉紫

确实如此！古人用深厚的文化底蕴赋予色彩美好的名称和绚烂的意义，让我们一起来看一看吧！

色彩美

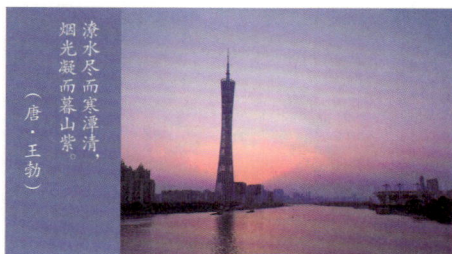

潦水尽而寒潭清，烟光凝而暮山紫。
（唐·王勃）

暮山紫

欲识金银气，多从黄白游。一生痴绝处，无梦到徽州。
（明·汤显祖）

黄白游

　　从大自然中寻找色彩的气韵，从山川日月、草木虫鱼汲取精魂。中国美学理念更注重自然之美，以自然和谐的审美心态通察天地万物，体会造物的气息与意境，"似不可皆知，又处处可知"。

探究了这么多，我们一起来猜灯谜吧！

上联：走马灯，灯走马，灯熄马停步。
下联：飞虎旗，旗飞虎，旗卷虎藏身。
小朋友猜一猜，这个灯谜在说谁？

人文美

　　古人利用旋转的光学原理发明制造了很多东西，走马灯就是其中之一。正月十五元宵节，民间风俗要挂花灯，走马灯为其中一种，走马灯的外形多为宫灯状，内部结构包括一个纸轮，周围贴有各种彩纸剪成的图案。点燃灯内的蜡烛后，灯筒便开始旋转，图案轮番播放，好似"走马"。

　　走马灯是人类将发现的自然规律运用到生活中的一个例子，旋转产生的动态美、规律美、变化美和人文美，都给我们带来了美的感受。

创造美

动手我能行

生活中能够旋转的物体还有很多，比如竹蜻蜓、风车、悠悠球等，我们一起来制作一个能体现旋转美的物体吧！

小朋友，你想做哪些能够旋转的物体呢？

我想做竹蜻蜓，我让妈妈帮我找了竹蜻蜓的制作视频，正准备制作呢！

可以呀！在这里鹏鹏也提醒小朋友们，可以根据我们所了解的旋转后颜色的变化，给我们的作品搭配不同的色彩！

小朋友们，作品完成后请将你的作品的旋转变化拍下来吧！它旋转起来是什么样子的？它与静止时有什么不同？它旋转时颜色发生了怎样的变化？通过这项活动，我们可以切实感受到颜色的变化和线条的流动，真正体会到旋转的魅力！

数字化美育实践基地

制作走马灯

小朋友们，让我们来挑战一下吧，可以在爸爸妈妈的协助下，查阅走马灯的制作方法，并制作一个走马灯。这是我找到的简易版走马灯结构示意图，希望对你们有所帮助！

简易版走马灯结构示意图

最后，请将你制作的竹蜻蜓、陀螺、风车、走马灯，或者其他可以旋转的物体拍成照片或者视频，将它们旋转起来的样子保存下来吧！

1. 教师可收集学生制作作品的照片和视频，并推送到学校微信公众号。

2. 可以在推文中设置投票环节，选出优秀作品并在全校展示。

方正四合院

发现民居美，体会对称的中式建筑美学

> 鹏鹏，你听说了吗？"北京中轴线——中国理想都城秩序的杰作"成为我国第59项世界遗产啦！

北京中轴线
申遗成功

北京最美中轴线，南北绵延7.8公里，钟鼓楼、故宫、社稷坛、太庙、天安门广场、人民英雄纪念碑、毛主席纪念堂、正阳门城楼纵贯其中。从高处远眺，红色宫墙，层层叠叠、错落有致；参天古树，虬曲苍劲、掩映其间。它不仅是北京的空间之轴，还是文化之轴，更是中式对称美学的代表，在历史与文明的千年回响中不断拓展、创新。

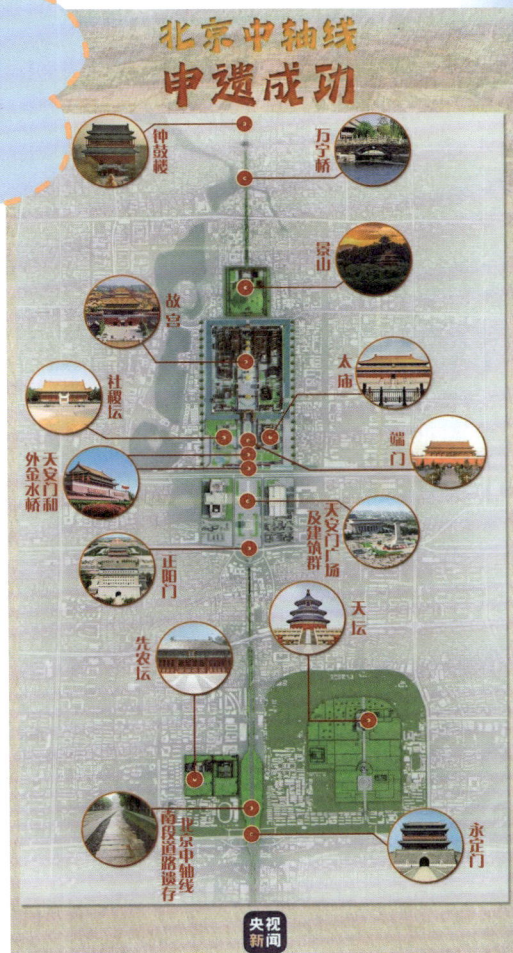

> 太棒了，这种中式建筑美学也体现在宫殿和民居上呢！

宫殿建筑和四合院，作为我国京派建筑的代表，大到皇宫王府，小到平民住宅，每一处雕饰、每一笔彩绘，都蕴含着深刻的文化内涵，体现着中式建筑文化的经典传承。

四四方方一座城，
东南西北分得清。
邻里街坊是朋友，
男女老少喜盈盈。

造 形 美

哇，这些建筑的造型可真有趣。快来找找看吧！

| 口 字形 | 字形 | 字形 |

鹏鹏，这个大门左右两边各有一只狮子，好威风呀！

门墩

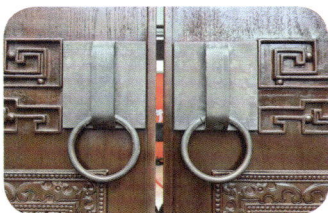

门扣手

门簪

对 称 美

中式建筑处处体现了对称美。除了门墩、门扣手、门簪，你还有哪些发现呢？

砖雕

屋檐嵌瓷

窗户装饰

哇，这些建筑上的装饰造型独特，图案栩栩如生！

寓意美

造型美

装饰美

____美

____美   ____美

花鸟虫鱼、祥瑞吉兽，都可以镌刻在屋梁或大门上。

小讲坛

四合院的装修、雕饰、彩绘也处处体现着民俗民风和传统文化，表现了一定历史条件下人们对幸福、美好、富裕、吉祥的追求。如以蝙蝠、寿字组成的图案，寓意"福寿双全"，以花瓶内安插月季花的图案寓意"四季平安"。

戚秦曾以四合院为题写了一首诗，它生动展现了四合院的建筑风格和生活场景，同时也表达了对传统文化的尊重和传承。让我们跟着作者读一读、写一写。

四合院

戚秦

清风杨柳芊，院庭四合间。房脊琉璃苫，天井座中间。

民风格律远，还古续今观。屋里清香漫，茶盏对八仙。

牌匾、楹联也是古代建筑装饰的重要组成部分，草书、隶书都有，镌刻在大门或厅堂上，它们不仅起到美化作用，更蕴含着深厚的文化内涵和教育理念。

楹联

牌匾

瞧，四合院的正大门在东南方向。四面的房子都有不同的名称，你知道哪些呢？

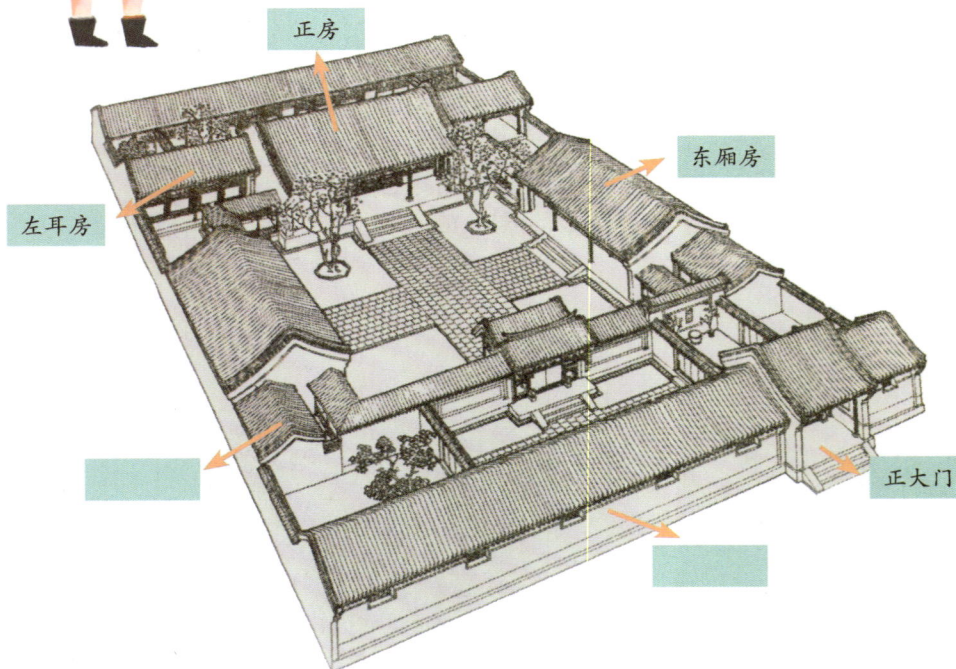

正房

东厢房

左耳房

正大门

我国境内大部分地区冬季盛行偏北风，夏季盛行东南风，所以四合院坐北朝南，门开在南边，冬天可以避开凛冽的寒风，夏天则可迎纳东南方向吹来的凉风。

四四方方一座院，左右对称好方便。你知道这些房屋都是谁住的吗？

连一连

正房	房主夫妇，年长父母
东厢房	次子居住
西厢房	长子居住

一家老少，从上到下，均按照辈分来分配居室，体现了大家庭里长幼有序的传统。

人文美

风水观念
人与自然
和谐之美

家族观念
尊老爱幼
传统美德

布局观念
整体美
序列美

61

瞧，现代房屋有不少也都是方方正正的。

现代房屋平面图

这四平八稳的均衡布局也恰恰体现了建筑的形式美。

小讲坛

追求天人合一的人居环境，是中国人生活的永恒主题。我国各地的民居总体形态方正，规整有序，有头有尾，有始有终。做人做事亦如此。堂堂正正做人，踏踏实实做事。

创造美

鹏鹏，南方潮汕特色建筑"四点金"和北方"四合院"有点像。

普宁泥沟亲仁里"四点金"
（摄影：蔡海松、佘嘉鑫）

北方"四合院"

我们一起来查找南方"四点金"和北方"四合院"的相同点和不同点吧！

	四点金	四合院
相同点		
不同点		

我国疆域辽阔，各地地理气候、生活方式和民风民俗都不相同，人们因地制宜地打造了中正、和谐、均衡、宜居的房屋。

数字化美育实践基地

为我的家乡代言。

第一步 调查、搜集资料	我的家乡在福建，这是客家土楼。它造型庞大，有圆形、方形，堪称民居之最；有利于家族团聚，又能防御战争。
第二步 奇思妙想	把家乡民居特征通过思维导图、拍摄视频等自己喜欢的方式呈现。
第三步 编辑上传	我的家乡宣传片网址。

民居是家的象征，饱含着中国人的家国情怀，蕴藏着勤俭节约、与人为善、礼让谦和的美好品质。

窑变万彩

入窑观瓷，细思实践，感受瓷器工艺的传承与创新

中国的瓷器颜色真美啊！这些颜色都是怎么形成的呢？

（明）漳州窑蓝地折枝花卉纹大盘（现藏于福建博物院）

（清）景德镇窑黄釉瓶（现藏于福建博物院）

从前，有一位老妇人靠烧瓷为生。一天，她烧出了几件紫红色瓷器，非常好看。

于是她重新烧制多次，想烧出同样的颜色，但再也没成功。忽然，她发现地上有一些铜屑，就问儿子这是从哪里来的。儿子说，前几天有个铜匠曾在这里借宿过夜，也许是他留下的吧。老妇人猜想可能和铜有关系，便加入铜屑烧制瓷器，果然烧出了紫红色的瓷器。

原来，瓷器的颜色往往和烧制的原料有关。

小讲坛

釉是指瓷器表面薄薄的一层，呈透明色或彩色。它是由不同原料组合后，经高温烧制而成。我们看到的美丽色彩就是釉，而不同的材料组合会出现完全不同的色彩。

我家也有瓷器，它们的造型各式各样，上面还有不同的图案。快来看看吧！

瓷器已经有上千年的历史了，随着我们生活方式的改变，瓷器由最初的杯、盘、瓶等造型衍生出了各种形态。

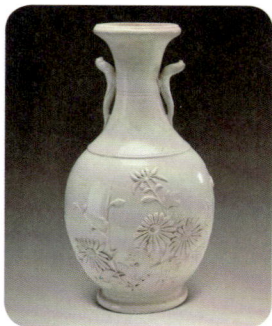

《白釉双绶带耳堆塑菊花瓶》
（现藏于福建博物院）

找一找我们身边还有哪些瓷器，仔细观察并记录一下吧。

造型美　　　　　　　　图案美

圆形的花瓶　　　　　　植物

_____的_____　　　_____

_____的_____　　　_____

这件瓷器的图案好像有点特别!

它绘制了一个经典故事《空城计》,现藏于北京故宫陶瓷馆。

看看下面瓷器上的图案,根据人物、背景等线索,你能发现是什么故事吗?请大家上网找找,瓷器上还有哪些故事?

人文美

吹箫引凤
现藏于陈家祠

这是什么地方？好热呀！

这里就是烧制瓷器的窑，戴上VR眼镜跟我去感受一下瓷器是如何烧制的吧！

工匠精神

据书中记载，陶瓷制作工艺复杂精细，完整的过程需要经历72道工序。这项工艺是我国古代劳动人民智慧的结晶，也是我国珍贵的非物质文化遗产，一直传承至今。

鹏鹏，你看这两个瓷器的造型工艺很特别呀！

是的，这是潮州通花瓷花工艺，不仅传承了传统制作工艺，也在不断发展创新呢！

《玲珑折扇》
（蔡静珍作品）

《菊香盈篮》
（陈映娜、陈润宜作品）

请你查阅资料，想一想，瓷器发展到今天都有哪些创新呢？

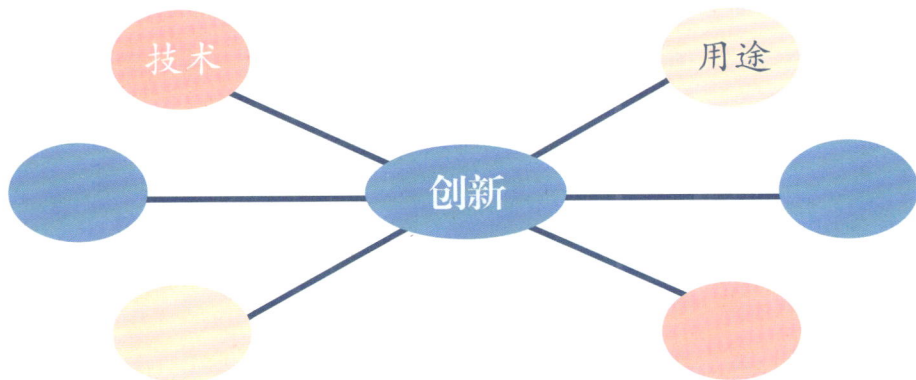

技术　　　　　　用途

创新

升华美

　　悠久的瓷器发展历史体现着中国精益求精、开拓创新的工匠精神。瓷器文化彰显了中国智慧，是中华民族精神的物质载体和象征。

蔡静珍丝菊制作流程
（图源：陈映娜、周惠珊著《潮州通花瓷花》）

一代代工匠人的坚持和创新才能让优秀传统技艺生生不息！

我也好想体验做瓷器呀!

①揉泥

②拉胚

③成型

④搓泥

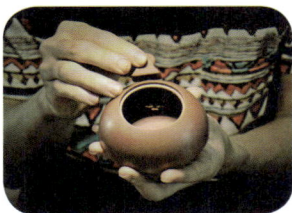

⑤安装

⑥烧制

潮州朱泥手拉壶制作流程
(图源:陈卢鹏、唐春燕编著《潮州朱泥手拉壶》,摄影:柯敏)

小朋友们可以尝试去做一做瓷器。各位"小工匠"完成后,记得将你的作品记录下来。我们将通过投票选出"优秀小工匠"哦!

我的瓷器档案

瓷器名称:

制作时间:

作品简介:

参与瓷器体验活动，制作瓷器文创作品，并分享到数字化美育实践基地。

《玉屏衔华》
（蔡静珍、陈映娜作品）

《无邪》
（陈映娜、陈润宜作品）

小讲坛

通花瓷花技艺，是工艺与美术的完美结合，蕴含着潮州儒雅、精致的人文精神。一代代从艺者，秉承对传统技艺精益求精、兼容创新的梦想与追求，让这一陶瓷传统技艺再次焕发新的生机与活力！

后 记

在深圳市龙华区民治中学教育集团党委的引领下，这套"美育实践丛书"得以呈现，我们倍感自豪。本项目得益于广东省委宣传部原副部长顾作义先生和广西教育出版社原总编辑李人凡老师的悉心指导，凝聚了民治中学教育集团教师团队的智慧与汗水。项目始于2021年初，完成于2024年，旨在通过美育实践，培育学生的审美情感与创造力，实现以美育人、以美化人的目标。

在深圳市教育科学研究院的批准下，在深圳市龙华区教育局和教育科学研究院的指导和支持下，我们组建了以莫怀荣书记、校长为主持人的课题组，负责课程体系的构建与课程内容的开发研究。其中，莫校长负责全面统筹项目，张德芝校长和徐莉莉副校长负责人文美板块，戴蓉校长和辜珠元老师负责艺术美板块，何星校长和陈妍老师负责自然美板块，吴朝朋老师负责科技美板块，彭智勇校长和郭金保老师则负责手绘插画设计的统筹和推进工作。

在编写过程中，游小华老师担任丛书第二册组长，肖丽芳、杨迪老师担任副组长，共同肩负课程内容研讨、书稿审读及出版对接任务。各课的编写分工如下：易晓倩老师《巧手穿搭》、杨迪老师《指尖"美味"》、石小谜老师《鸟语鸟性》、张清龙老师和朱均仁老师《公园城市》、夏嘉敏老师《动物衣服》、郭季榕老师《旋转之美》、游小华老师《方正四合院》、黄嘉卉老师《窑变万彩》。吴敏君老师则负责整册书的手绘插画，为手册增添了形象、生动的韵味。

"美育实践丛书"不仅是民治中学教育集团美育实践课题研

73

究的丰硕成果，更是我们对美育深刻理解和创新实践的生动展现。我们期待这套丛书能够为学生提供丰富多彩的美育体验，激发他们的创造力和审美能力，引领他们在美的海洋中遨游，发现自我，启迪智慧，滋养身心。

在"美育实践丛书"即将与广大师生见面之际，我们满怀感激之情。回首将近3年的研究和编写工作，我们收获了太多的感动。感动于我们这个团队在美育课程体系建设和课程开发研究道路上的执着追求和不断探索；感动于和我们并肩前行、可亲可敬的两位专家对整个项目的策划和丛书撰写提供反复、深入的指导；感动于暨南大学出版社阳翼社长和周玉宏、武艳飞主任，以及编辑老师们在书稿编辑过程中给予的耐心、细致的帮助。因编写需要，丛书大部分图片由视觉中国授权使用，其他图片由潘洁玉、武艳飞、刘蓓等提供。书中个别未联系到的图片作者请与出版社联系，以便支付薄酬，在此一并表示感谢。

我们坚信，美育不仅能够提升学生的审美情感和创造力，更是培养学生全面发展的重要途径。未来，我们将一如既往、继续努力，为教育界的同行提供更多有价值的经验和启示，共同推动新时代美育事业的发展。我们也清醒地认识到，由于我们的研究水平和实践能力有限，本套丛书还存在不足之处，有待进一步完善。因此，我们真诚地希望全国各地的教育工作者和读者在实际应用这套丛书的过程中，能够及时向我们反馈使用体验，提供宝贵的意见和建议，以便我们不断改进和完善，更好地服务于新时代学校美育实践的需要。

深圳市龙华区民治中学教育集团

2024年8月